Guía para jóvenes sobre el gobierno

DESCUBRE TUS DERECHOS LEGALES

por John Micklos Jr.

CAPSTONE PRESS
a capstone imprint

Serie Fact Finders Books publicada por Capstone Press
1710 Roe Crest Drive, North Mankato, Minnesota 56003
www.capstonepub.com

Los datos de CIP (Catalogación previa a la publicación, CIP) de la Biblioteca del Congreso se encuentran disponibles en el sitio web de la Biblioteca.

ISBN 978-1-4966-5723-7 (library binding)
ISBN 978-1-4966-5727-5 (eBook PDF)

Créditos editoriales
Michelle Hasselius, editor; Mackenzie Lopez, designer;
Jo Miller, media researcher; Kathy McColley, production specialist
Traducido a la lengua española por Aparicio Publishing

Fotografías gentileza de:
Getty Images: DEA PICTURE LIBRARY/Contributor, 6-7, Michael Zagaris/Contributor, 9, Tim Boyle/Staff, 21; Library of Congress Prints and Photographs, 5; Shutterstock: a katz, 19, Africa Studio, 20, Andrey_Popov, 18, ByEmo, 23, Celig, cover, Cynthia Farmer, 13, Egyptian Studio, 12, Everett Historical, 15, Macrovector, 24, Photographee.eu, 25, Popartic, 16, Selta, 10-11

Elementos de diseño
Capstone

Impreso y encuadernado en China.
002489

Capítulo 1
Bases de la libertad 4

Capítulo 2
La Primera Enmienda 8

Capítulo 3
Tus derechos en el hogar, la escuela y el trabajo 14

Capítulo 4
El derecho a votar y al debido proceso legal 22

Capítulo 5
Conoce tus derechos 26

Glosario 30

Preguntas de razonamiento crítico 31

Índice 32

En Estados Unidos, todos tienen derechos legales, incluso los niños y las niñas. Recibimos nuestros derechos legales a través de la Constitución de Estados Unidos y de las leyes aprobadas por el gobierno federal y estatal.

No siempre hemos tenido los derechos que tenemos hoy. A mediados del siglo XVIII, las 13 **colonias** de América del Norte estaban gobernadas por Gran Bretaña y allí se hacían las leyes.

Los colonos tenían que pagar impuestos cada vez más altos a Gran Bretaña, pero no podían participar en el gobierno británico. Los colonos protestaron y exigieron los mismos derechos que tenían los **ciudadanos** británicos. Estaban cada vez más enojados. Finalmente, eso llevó a la lucha por la emancipación y a la Guerra de Independencia.

Grabado de la batalla de Lexington

La Guerra de Independencia

En abril de 1775 se desató una batalla entre las tropas británicas y los colonos norteamericanos en Lexington y Concord, Massachusetts. Esto marcó el inicio de la Guerra de Independencia. La guerra entre los colonos y Gran Bretaña duró varios años. En 1783, Gran Bretaña reconoció a Estados Unidos como una nación independiente. Ambas partes firmaron el Tratado de París y así terminó la guerra.

colonia: área ocupada por personas de otro país; una colonia está gobernada por otro país
ciudadano/a: integrante de un país o estado que recibe protección de ese país o estado y con el cual tiene obligaciones

La Guerra de Independencia había terminado. Estados Unidos se había liberado de Gran Bretaña. Pero, ¿cómo funcionaría el gobierno de la nueva nación? En 1787 los **delegados** de las 13 colonias redactaron la Constitución de Estados Unidos. En el documento establecieron el gobierno de la nación y crearon las leyes que garantizaban los derechos básicos de los ciudadanos.

DATO

La 27.ª Enmienda fue propuesta en 1789. Establecía que los miembros del Congreso no podían aumentar ni bajar sus salarios mientras ocupasen sus cargos. La enmienda se ratificó en 1992, ¡casi 200 años después!

El 17 de septiembre de 1787, 38 delegados firmaron la Constitución de Estados Unidos.

Las 10 primeras **enmiendas** a la Constitución de Estados Unidos se conocen como la Carta de Derechos. En ella se describen los derechos básicos que tienen todos los estadounidenses. En 1791 se **ratificaron** esas enmiendas, que pasaron a formar parte de la Constitución. A lo largo del tiempo se hicieron otras enmiendas. Actualmente hay 27 enmiendas a la Constitución. Conozcamos algunos de los derechos legales que otorgan la Constitución de Estados Unidos y el gobierno federal.

delegado/a: persona que representa a otras personas en una reunión
enmienda: cambio formal que se hace a una ley o a un documento legal
ratificar: aprobar formalmente

La Primera Enmienda describe varios derechos que la Constitución otorga a las personas, como la libertad de expresión, el derecho de **asamblea**, la libertad de religión y la libertad de prensa. En Estados Unidos, los ciudadanos pueden cuestionar o incluso criticar al gobierno y a sus líderes.

La libertad de expresión permite a las personas decir lo que piensan con palabras o con acciones, pero con ciertos límites. Es ilegal usar la palabra para provocar violencia. La libertad de expresión no debe poner en peligro a los demás. Por ejemplo, está prohibido gritar “fuego” en un edificio lleno de gente si no hay un incendio. Las personas podrían entrar en pánico y lastimarse.

Los jóvenes y la libertad de expresión

Tu derecho a la libertad de expresión tiene algunos límites. Aún debes cumplir las normas que fijan tus padres o tus maestros. Por ejemplo, quizá quieras escribir algo en el periódico de tu escuela. Sin embargo, el maestro que está a cargo del periódico decide qué se publica.

Eli Harold (izquierda), Colin Kaepernick (centro) y Eric Reid (derecha) se arrodillaron durante el Himno Nacional antes de un partido de fútbol americano, el 25 de septiembre de 2016.

Arrodillarse para tomar posición

Por lo general antes de un evento deportivo se escucha el Himno Nacional. Los jugadores y los **espectadores** se ponen de pie con la mano en el pecho. En 2016, Colin Kaepernick, mariscal de campo de los San Francisco 49ers, no se puso de pie al escuchar el himno. Dijo que, de esa manera, protestaba por el trato injusto que recibían los afroamericanos en Estados Unidos. Aunque su actitud molestó a algunas personas, su derecho a protestar estaba protegido y el gobierno no pudo castigarlo.

asamblea: reunión
espectador/a: persona que observa un suceso

El derecho de reunirse pacíficamente

El 21 de enero de 2017, personas de todas las edades y grupos étnicos participaron de la Marcha de las Mujeres en apoyo a los derechos de la mujer. Algunos llevaban carteles. Otros cantaban mientras caminaban. Marcharon en Washington D. C. y en muchas otras ciudades de EE. UU. y del mundo. También participaron miles de niños. La Marcha de las Mujeres reunió a casi 5 millones de personas en toda la nación y el mundo.

DATO

En 2003, entre 10 y 15 millones de personas se manifestaron en distintas ciudades del mundo para protestar contra la guerra en Irak.

De acuerdo con la Constitución, los ciudadanos pueden reunirse y marchar en público para apoyar un tema o protestar contra algo. Las marchas reflejan el poder que tienen las personas cuando se unen para luchar por una causa. Las voces de miles (o millones) de personas tienen un peso muy importante. Estas marchas y protestas son legales siempre y cuando sean pacíficas.

A veces hay padres que marchan con sus hijos. En la década de 1960, muchos niños participaron en las marchas por los **derechos civiles**. Esas marchas apoyaban la igualdad de derechos para los afroamericanos de EE. UU. Unos años después, algunos niños participaron de las marchas para terminar con la guerra de Vietnam.

derechos civiles: el derecho a la libertad y la igualdad ante la ley que tienen todos los estadounidenses

La libertad de religión

La Primera Enmienda da a los estadounidenses la libertad de creer en la religión que prefieran. El gobierno no puede decirnos en qué debemos creer o en qué no. La Constitución separa a la Iglesia del estado. Esto significa que el gobierno de EE. UU. no puede exigir ni favorecer ninguna religión. Hoy en día, las escuelas públicas y las oficinas del gobierno no suelen celebrar las fiestas religiosas para que nadie se sienta excluido.

La religión y las escuelas

En las escuelas y los eventos escolares no se permite orar. Sin embargo, los estudiantes que pertenecen a grupos religiosos pueden reunirse para rezar antes de la escuela o a la salida. Como las escuelas privadas y religiosas no dependen del gobierno, no tienen las mismas normas en cuanto a la religión. Es decir, pueden celebrar sus prácticas religiosas como deseen.

Capítulo 3: Tus derechos en el hogar, la escuela y el trabajo

Es probable que a veces no tengas ganas de ir a la escuela. Sin embargo, los niños no siempre han tenido esa opción. Hasta principios del siglo XX, en Estados Unidos había muchos niños y niñas que no iban a la escuela. Muchos menores de 10 años tenían que trabajar todo el día. Sus salarios eran bajos. Algunos tenían que trabajar en fábricas, campos o minas. Con mucha frecuencia sufrían heridas graves y algunos morían por las condiciones peligrosas en las que trabajaban.

En 1938, el Congreso aprobó la Ley de Normas Razonables de Trabajo. Esta ley incluía un conjunto de normas sobre el trabajo infantil. Limitaba la cantidad de horas que los niños podían trabajar. También, prohibía las condiciones de trabajo que fueran peligrosas para los niños.

Hoy en día, los menores tienen prohibido trabajar en la mayoría de los empleos hasta cumplir 16 años. Desde los 16 hasta el día en que cumplen 18 años, solo pueden trabajar un número limitado de horas.

A principios del siglo XX muchos niños trabajaban en fábricas de algodón.

La Ley de Normas Razonables de Trabajo también establece un **salario mínimo** que los empleados deben recibir por su trabajo. Los empleados pueden ganar más de esa cantidad, pero no menos. Existen otros derechos en el lugar de trabajo que no dependen del género ni de la edad. Por ejemplo, los empleados tienen derecho a trabajar en condiciones seguras.

En muchos trabajos, los hombres ganan más que las mujeres.

Las diferencias de salario por género

Imagina a una mujer sentada en su escritorio en su lugar de trabajo. El hombre que se sienta junto a ella hace la misma tarea. ¿Ganan la misma cantidad de dinero? No siempre. En 2016 se estimó que por cada dólar que gana un hombre, una mujer gana 80.5 centavos por el mismo trabajo.

Trabajos para menores

Si tienes menos de 16 años, existen maneras de ganar dinero. Antes de empezar en cualquier trabajo, asegúrate de pedir permiso a tus padres.

- Podrías cuidar a tus hermanos o vecinos más pequeños.
- Conversa con tus padres sobre lavar carros en el vecindario.
- Ofrécete para cortar el pasto o hacer tareas de jardinería.
- Cuando empiece a nevar, ofrécete a quitar la nieve de la entrada para carros.

salario mínimo: la cantidad más baja de dinero que una empresa puede pagar legalmente a un trabajador

Registro y confiscación

La Cuarta Enmienda de la Constitución protege a las personas de los registros y las **confiscaciones** ilegales. Esto significa que los agentes de policía no pueden registrarte a ti ni registrar tu propiedad sin una razón. En la mayoría de los casos, la policía necesita una **orden de registro** para entrar en tu hogar. Una orden de registro es un documento legal firmado por un juez que autoriza a la policía a entrar. Para conseguir esa orden, la policía tiene que demostrar que existe **causa probable**.

En algunos casos, los policías pueden entrar en una casa sin tener una orden de registro. No necesitan una orden si tienen el permiso del dueño para entrar, si hay una emergencia o si la policía observa alguna actividad ilegal.

Investigadores de la policía buscan a un sospechoso en Nueva York, en 2013.

confiscación: acto en el que una autoridad le quita algo a alguien
orden de registro: documento oficial firmado por un juez que permite a la policía registrar una propiedad donde se espera encontrar evidencia de un delito
causa probable: hecho que demuestra que es muy probable encontrar evidencia de un delito al hacer un registro

Registros en la escuela

Imagina que dos estudiantes avisan a su maestro que un compañero llevó un cuchillo a la escuela. El maestro notifica al director, que luego registra la mochila y el casillero del estudiante. ¿Es legal ese registro? La respuesta es sí. Los tribunales han determinado que las autoridades de las escuelas pueden registrar las mochilas y los casilleros de los estudiantes si hay razón para hacerlo.

En 2002, los estudiantes pasan por detectores de metal en una escuela preparatoria de Chicago.

Violencia mortal en la escuela

En 2012 Adam Lanza entró en la escuela primaria Sandy Hook de Connecticut. Lanza mató con un rifle a 20 estudiantes y a seis miembros del personal.

Las balaceras en las escuelas han causado mucha preocupación sobre la seguridad de los estudiantes. Las escuelas de todo el país hacen simulacros para enseñar a los estudiantes y a los maestros qué hacer si un intruso peligroso entra en el edificio. En la mayoría de las escuelas solo los estudiantes y el personal pueden entrar en el edificio sin pedir permiso. Incluso, algunas escuelas tienen detectores de metal para identificar armas.

Votar: un derecho y una responsabilidad

El pueblo de Estados Unidos elige a sus representantes del gobierno en los niveles local, estatal y federal. Eso se hace por medio del voto. En una **democracia**, votar es un derecho, pero tiene algunas restricciones. Hay que tener al menos 18 años y ser ciudadano de EE. UU. para poder votar en las elecciones gubernamentales.

democracia: forma de gobierno en que los ciudadanos eligen a sus líderes a través del voto

Aunque todavía no tengas edad suficiente para votar, puedes formar parte del proceso **democrático**. Conversa con tu maestro sobre las próximas elecciones de la escuela. Haz oír tu voz votando al presidente y al vicepresidente de la clase, entre otros cargos. Incluso, si te interesa la política, puedes postularte para uno de esos cargos en tu escuela.

¡Todos los votos son importantes!

En las elecciones presidenciales de 2016 votaron más de 130 millones de estadounidenses. Puede parecer mucho, pero es solo el 55 por ciento de todos los votantes autorizados. Esto significa que casi la mitad de las personas que podían votar no lo hicieron.

DATO

Muchas elecciones han sido muy parejas. Algunos ganadores han logrado la victoria por unos pocos votos. En 1839, Marcus "Landslide" Morton ganó las elecciones como gobernador de Massachusetts ¡por un solo voto!

Tanto la Quinta Enmienda como la 14.ª Enmienda garantizan el derecho al debido proceso legal. De acuerdo con esas enmiendas, quienes están acusados de delitos tienen ciertos derechos. Por ejemplo, el gobierno no puede privar a alguien de su libertad ni quitarle su propiedad sin antes pasar por un procedimiento legal. También se debe informar al **sospechoso** por qué está siendo arrestado. El sospechoso tiene derecho a un juicio con jurado y puede hablar en su propia defensa.

Las personas que son declaradas inocentes de un delito no pueden ser juzgadas de nuevo por el mismo delito. Por ejemplo, una persona no puede ser juzgada dos veces por el mismo robo. Sin embargo, podría ser juzgada por otro robo.

En la sala del tribunal tiene lugar un juicio con jurado.

Las personas que son declaradas culpables de un delito también tienen derechos. Los delincuentes no pueden recibir castigos crueles y deben recibir alimento, agua y atención médica básica. Según el delito, los jóvenes que fueron declarados culpables por un tribunal pueden ser enviados a un **centro de detención para menores**. Así, pueden estar con otras personas de su edad en vez de mezclarse con adultos.

Un agente habla con una mujer en una estación de policía.

sospechoso/a: persona acusada de un delito
centro de detención para menores: lugar de castigo donde se envía a los menores de 18 años que cometieron delitos

Es importante que conozcas tus derechos legales. Es la única manera de saber si estás recibiendo un trato justo. Para saber más sobre tus derechos, investiga en la biblioteca. También puedes pedir a tus padres que te acompañen a una estación de policía o a un juzgado para ver nuestros derechos en acción.

Si crees que alguno de tus derechos legales ha sido **violado**, conversa con tus padres o con tus maestros. Ellos pueden ayudarte a saber si no se ha respetado alguna ley y qué puedes hacer al respecto.

violar: no respetar una regla o un derecho

La Carta de Derechos

Las enmiendas de la Carta de Derechos quizá sean difíciles de entender. Aquí te explicamos cuáles son y qué significan.

Primera Enmienda

El Congreso no hará ley alguna con respecto a la adopción de una religión o prohibiendo la libertad de culto; o que coarte la libertad de expresión o de la prensa, o el derecho del pueblo para reunirse pacíficamente [...].

Qué significa: El gobierno no puede decir a las personas en qué deben creer o en qué no. Esta enmienda también otorga a las personas el derecho a reunirse y a hablar libremente. Garantiza la libertad de los medios de comunicación.

Segunda Enmienda

[...] el derecho del pueblo a poseer y portar armas, no será infringido.

Qué significa: Esta enmienda protege el derecho que tienen los ciudadanos a poseer armas de fuego.

Tercera Enmienda

Ningún militar será, en tiempo de paz alojado en casa alguna, sin el consentimiento del propietario [...].

Qué significa: El gobierno de EE. UU. no puede ubicar soldados en casas privadas sin el permiso de los propietarios de la casa.

Cuarta Enmienda

El derecho del pueblo a la seguridad que sus personas, domicilios, papeles y efectos se hallen a salvo de pesquisas y aprehensiones arbitrarias, será inviolable, y no se expedirán órdenes, excepto con motivo probable [...].

Qué significa: La policía no puede registrar las posesiones de una persona a menos que el registro sea razonable. Para registrar hogares, por lo general se necesita una orden basada en causa probable.

Quinta Enmienda

[…] ni podrá persona alguna ser puesta dos veces en peligro grave por el mismo delito; ni será forzada a declarar en su propia contra en ningún juicio criminal; ni se le privará de la vida, libertad o propiedad sin el debido proceso legal […].

Qué significa: A las personas acusadas de delitos se les debe ofrecer el debido proceso legal. Pueden decidir no testificar contra sí mismas ante un tribunal. No pueden ser juzgadas dos veces por el mismo delito.

Sexta Enmienda

En toda causa criminal, el acusado gozará del derecho de ser juzgado pública y expeditamente, por un jurado imparcial del Estado y distrito en que el delito se haya cometido, distrito que habrá sido determinado previamente por la ley; así como de ser informado sobre la naturaleza y causa de la acusación; que se le caree con los testigos en su contra; que se obligue a comparecer a los testigos en su favor y de contar con la ayuda de Asesoría Legal para su defensa.

Qué significa: Las personas tienen derecho a un juicio rápido, justo y abierto. También tienen derecho a un abogado que las defienda.

Séptima Enmienda

En los juicios de derecho consuetudinario, en que el valor que se discuta exceda de veinte dólares, el derecho a juicio ante un jurado será garantizado, y ningún hecho que haya conocido un jurado será reexaminado en Corte alguna de los Estados Unidos, como no sea con arreglo a las normas del derecho consuetudinario.

Qué significa: Los casos civiles pueden ser juzgados frente a un jurado, al igual que los juicios penales.

Octava Enmienda

No se exigirán fianzas excesivas, ni se impondrán multas excesivas, ni se infligirán castigos crueles e inusuales.

Qué significa: Los tribunales deben fijar sumas razonables para las fianzas y las multas. Los castigos para quienes cometieron delitos deben ser justos y humanos.

Novena Enmienda

La enumeración en la Constitución de ciertos derechos no ha de interpretarse para negar o menospreciar otros que mantiene el pueblo.

Qué significa: Las personas tienen otros derechos además de los que se describen en la Constitución de Estados Unidos.

Décima Enmienda

Los poderes no delegados a los Estados Unidos por la Constitución, ni prohibidos por esta a los Estados, están reservados a los Estados respectivamente, o al pueblo.

Qué significa: El gobierno federal solo tiene los poderes que se describen en la Constitución de EE. UU. Los poderes que no se otorgan específicamente al gobierno federal pertenecen a los estados o al pueblo.

Glosario

asamblea: reunión

causa probable: hecho que demuestra que es muy probable encontrar evidencia de un delito al hacer un registro

centro de detención para menores: lugar de castigo donde se envía a los menores de 18 años que cometieron delitos

ciudadano/a: integrante de un país o estado que recibe protección de ese país o estado y con el cual tiene obligaciones

colonia: área ocupada por personas de otro país; una colonia está gobernada por otro país

confiscación: acto en el que una autoridad le quita algo a alguien

delegado/a: persona que representa a otras personas en una reunión

democracia: forma de gobierno en que los ciudadanos eligen a sus líderes a través del voto

derechos civiles: el derecho a la libertad y la igualdad ante la ley que tienen todos los estadounidenses

enmienda: cambio formal que se hace a una ley o a un documento legal

espectador/a: persona que observa un suceso

orden de registro: documento oficial firmado por un juez que permite a la policía registrar una propiedad donde se espera encontrar evidencia de un delito

ratificar: aprobar formalmente

salario mínimo: la cantidad más baja de dinero que una empresa puede pagar legalmente a un trabajador

sospechoso/a: persona acusada de un delito

violar: no respetar una regla o un derecho

Preguntas de razonamiento crítico

1. Tienes derecho a votar en Estados Unidos, pero hay algunas restricciones. ¿Quiénes pueden votar en las elecciones gubernamentales?
2. Para conseguir una orden de registro, la policía debe demostrar que existe una causa probable. ¿Qué significa "causa probable"?
3. Describe dos derechos que el debido proceso legal otorga a las personas acusadas de delitos.

Índice

14.ª Enmienda, 24

causa probable, 18, 27
centro de detención para menores, 25
colonias, 4, 5, 6
Constitución de EE. UU., 4, 6, 7, 8, 11, 12, 18, 29
Cuarta Enmienda, 18, 27

debido proceso legal, 24–25, 28
derecho a votar, 22, 23
derechos violados, 26
diferencias de salario por género, 16

escuela primaria Sandy Hook, 21

Gran Bretaña, 4, 5, 6
Guerra de Independencia, 5, 6

Kaepernick, Colin, 9

Ley de Normas Razonables de Trabajo, 15–17
    salario mínimo, 16

marchas,
    Marcha de las Mujeres, 10
    marchas por los derechos civiles, 11

Primera Enmienda
    derecho de asamblea, 8, 10–11, 27
    libertad de expresión, 8–9, 27
    libertad de religión, 8, 12–13, 27

Quinta Enmienda, 24, 28

registros
    en el hogar, 18, 19
    en la escuela, 20, 21
    órdenes, 18, 19, 27

sospechosos, 24